Ute Leiting

Krebs - andere Wege gehen

....

story.one – Life is a story

story.one

1st edition 2024

Production, design and conception:
story.one publishing - www.story.one
A brand of Storylution GmbH

Font set from Minion Pro, Lato and Merriweather.

ISBN: 978-3-7115-1545-2

Danke

Ich widme dieses Buch meinem Ehemann Lutz, der mich auf meinem langen Heilungsweg unermüdlich unterstützte sowie meinen drei wunderbaren Söhnen Julian, Jann Luis und Jonas, die für mich eine Quelle großen Glücks darstellen.

Mein ganz tiefer Dank gilt meinen lieben Freundinnen Heike und Evi - Heike für die Begleitung zu allen Arztterminen und Evi für die Begleitung nach Budapest sowie für den permanenten naturheilkundlichen Support als Heilpraktikerin. Mein Dank gilt auch Maren, die mich mit vielen Gesprächen unterstützt hat.

Ein großes Dankeschön spreche ich meiner Freundin, Nachbarin und Ärztin Angela für die emotionale und medizinische Begleitung aus!

INHALT

Wenn Du voll und ganz erkennst, dass es dir nicht trotz deiner Verluste und Herausforderungen gut geht, sondern gerade deswegen; dann nennt man das Heilung.

(Autor unbekannt)

Die Familie

Ich möchte gerne meine Familiensituation in groben Zügen beschreiben, da ich denke, dass es dann eher nachzuvollziehen ist, warum ich diesen anderen sehr außergewöhnlichen Weg zum Umgang mit meiner Diagnose gewählt habe.

In meinem familiären Umfeld gab es sehr viele Krebserkrankungen. Ich wurde als jüngstes von vier Kindern geboren. Mein ältester Bruder Uwe starb bereits bei der Geburt, dann habe ich einen drei Jahre älteren Bruder Rainer und einen zwei Jahre älteren Bruder Heiko. Heiko erkrankte im Alter von vier Jahren an Leukämie und starb kurz vor seinem achten Geburtstag. Meine frühe Kindheit war somit von dieser traumatischen Situation geprägt.

Im Jahr 1995 erhielt meine Mutter die Diagnose Brustkrebs. Meine Mutter beschritt den ganz klassischen schulmedizinischen Weg, d.h. Operation, Bestrahlung und Chemotherapie. Sie galt für eine kurze Zeit - nach Aussagen der

Ärzte - als geheilt, bis dann nach zwei Jahren das erste Rezidiv diagnostiziert wurde. Ich begleitete meine Mutter zusammen mit meinem Vater und meinem Bruder Rainer sehr intensiv, bis sie dann im Oktober 2000 nach einem sehr qualvollen Weg gefühlt endloser Chemotherapien verstarb.

1998 erhielt mein Vater die Diagnose Prostata-Krebs. Er ließ den Tumor operativ entfernen und verzichtete - entgegen der ärztlichen Empfehlung - auf weitere Therapien. Wir unterstützten die Genesung meines Vaters schon damals erfolgreich mit diversen naturheilkundlichen Mitteln. Das Krebsgeschehen meines Vaters trat nicht wieder auf.

Im Jahre 2009 erkrankte dann meine Schwiegermutter an Brustkrebs, auch hier erfolgte die schulmedizinische Behandlung. Einige Jahre später trat dann Krebs im Halsbereich - an den Stimmbändern - auf. Ich sah sehr konkret, wie die klassische schulmedizinische Therapie im Halsbereich abläuft. Ihr Leidensweg war unbeschreiblich groß. Meine Schwiegermutter verstarb dann im Juli 2019; genau drei Monate nachdem ich meine Diagnose erhalten habe.

Aufgrund dieser großen Zahl heftiger Erkrankungen in meinem direkten Umfeld fing ich schon sehr früh an, mich mit den möglichen Hintergründen dieser Erkrankungen bzw. mich mit der Gesundheit an sich zu beschäftigen.

Ich habe eine kaufmännische Berufsausbildung absolviert, indem ich Betriebswirtschaftslehre in Göttingen studiert habe und mich dann Anfang der 90er Jahre mit meinem ersten Mann in Hamburg im Bereich Möbeleinzelhandel selbständig gemacht.

Meine Beschäftigung mit dem Thema Gesundheit war jedoch so intensiv, dass ich mein Tätigkeitsfeld im Laufe der Zeit vom kaufmännischen Bereich in den Gesundheitsbereich verlagerte.

Vor der Diagnose

Da ich inzwischen beruflich im Gesundheitsbereich tätig war und ich mich permanent in diesem Bereich fortbildete, las ich bereits im Jahr 2017 in Facebook auf der Seite "Zentrum der Gesundheit" einen kurzen Text, in dem geschrieben stand, dass es einen amerikanischen Arzt gegeben hat, der eine sehr erfolgreiche Krebstherapie entwickelt hatte. Allein diese Aussage beeindruckte mich zutiefst, weil mir bisher keine wirklich erfolgversprechende Krebstherapie bekannt war. Die Grundlage für die von dem erwähnten Arzt Dr. Max Gerson entwickelte Therapie lag in den Forschungsergebnissen von Dr. Otto Warburg begründet. Warburg hat bereits 1930 den Nobelpreis der Medizin für seine Erkenntnisse und Forschungen darüber bekommen, dass Krebszellen in basischem bzw. sauerstoffreichem Zellmilieu nicht überleben können.(1)

Dieser sehr kurze Text sprach mich so sehr an, dass ich den Arzt Dr. Max Gerson direkt im Internet recherchierte und mir noch am gleichen Tag drei Bücher über die Gerson Therapie bestellte. Es waren zwei Bücher von Dr. Gerson's Tochter Charlotte und ein Buch von Dr. Gerson selbst. Ich las eines der drei Bücher komplett durch. Diese Therapie mit ihren Hintergründen sowie sehr viele der in dem Buch erwähnten Heilungserfolge beeindruckten mich zutiefst. Es war mir allerdings auch bewusst, dass es sich um einen sehr extremen Weg handelt, eine solche Therapie zu befolgen.(2), (3)

Meine eigene gesundheitliche Situation würde ich zu diesem Zeitpunkt als sehr gut bezeichnen. Außer einer Heuschnupfenallergie, die bereits im Kindesalter auftrat, fühlte ich mich sehr gesund.

Im Januar 2018 begannen leichte Beschwerden in meinem Halsbereich spürbar zu werden, die allerdings eine lange Zeit nicht schlimm und daher nicht besorgniserregend waren. Ich ging im Laufe der Zeit zu verschiedenen HNO Ärzten, die aber keinen Befund feststellen konnten. Gegen Ende des Jahres 2018 und am Anfang des Jahres 2019 konnte ich dann eine

Schwellung des Lymphknotens im oberen Halsbereich rechts bemerken.

Im Mai 2019 führte mich dann der immer größer werdende Lymphknoten ins Krankenhaus vor Ort, um mich untersuchen zu lassen. Die behandelnde Ärztin führte eine Endoskopie durch und war direkt nach der Untersuchung sichtlich schockiert. Ich sagte ihr, dass meine Schwiegermutter gerade mit einer Krebserkrankung des Halses im Sterben lag und sie mir bitte keine schlechten Nachrichten mitteilen solle! Sie sagte daraufhin nur, dass sie meinem Wunsch diesbezüglich leider nicht nachkommen kann. Diese Ärztin empfahl mir ein CT machen zu lassen. Dies tat ich und hatte kurz darauf einen Termin zur Besprechung der Ergebnisse zusammen mit meinem Mann bei dem Chefarzt der HNO Abteilung. Der Arzt erklärte uns die Situation und ließ nur sehr wenig Zweifel daran, dass es sich um ein bösartiges Zellgeschehen handelte. Er empfahl uns eine Biopsie machen zu lassen, um die 100 % ige Gewissheit zu haben, um welche Zellart es sich handelte. Das Ergebnis war eindeutig: Es handelte sich um einen Tumor!

Gerson Klinik Budapest

Der Schock dieser Diagnose war einfach unbeschreiblich groß! Ich verlor gefühlt den Boden unter den Füßen.

Ich ließ mir die Gerson Bücher von meinem Mann ins Krankenhaus mitbringen und fing an darin zu lesen. Der Arzt schlug eine sofortige Operation zur Entfernung des Tumors vor. Da der Tumor sich auf dem Kehldeckel befand, hätte dies eine fast vollständige Entfernung des Kehldeckels bedeutet. Der Kehldeckel ist aber elementar wichtig für die Schluckfunktion. Ich ließ mich über die genauen möglichen Konsequenzen einer solchen Operation informieren.

Ich wusste intuitiv vom ersten Moment an, dass dieser vom Arzt vorgeschlagene Weg nicht mein Weg sein würde. Ein nicht unerheblicher Grund dafür war sicherlich der schlimme Leidensweg meiner Schwiegermutter, die zu diesem Zeitpunkt noch lebte. Ich sagte dem Arzt, dass ich mich schon sehr lange und intensiv mit der Gesundheit beschäftigte und das ich nun erst einmal etwas Zeit bräuchte. Aus Sicht des Arztes hatte ich diese Zeit nicht. Es bestand aus seiner Sicht dringender Handlungsbedarf. Wir einigten uns dann auf einen Zeitraum von vier bis sechs Wochen.

Meine Freundin Evi, die Heilpraktikerin ist und meine ganze Gesundheitsgeschichte intensiv begleitete, schlug mir vor, die einzige Gerson Klinik in Europa, in Budapest, zu besuchen. Ich war sehr dankbar für diese enorme Unterstützung und vor allem für Evis Bereitschaft mich nach Budapest zu begleiten - obwohl Sie für genau den bevorstehenden Zeitraum bereits einen Fuerteventura Urlaub mit ihrem Mann gebucht hatte, und diesen nun stornieren musste.

Mein Entschluss für die Gerson Therapie war gefallen.

Mein Mann holte mich am 11. Mai 2019 aus dem Krankenhaus ab und wir fuhren - schon auf dem Weg nach Hause - zuerst direkt zum Biohofladen in unserer Nachbarschaft. Dort machten wir den ersten größeren Einkauf für den Start meiner Gerson Therapie. Einen Champion Entsafter - ein Geschenk meines Vaters - gab es glücklicherweise schon seit sehr vielen Jahren in unserem Haushalt - allerdings wurde dieser bisher kaum benutzt. Dies sollte sich nun ändern.

Am 25. Mai 2019 flogen Evi und ich schon sehr früh in den zweiwöchigen Klinikaufenthalt nach Budapest los. "Klinik" ist eigentlich schon übertrieben, es handelt sich eher um einen kleineren Betrieb mit mehreren Ärzten und Krankenschwestern. Unter den Klinikmitarbeitern gab es fünf Menschen, die selbst mit der Diagnose Krebs konfrontiert waren und sich mittels dieser Therapieform geheilt hatten; darunter auch zwei Ärzte. Wir waren ca 12 Patienten mit jeweils einer Begleitperson.

In diesen zwei Wochen wurden Blutbilder gemacht, es fanden Arztgespräche statt und wir bekamen eine detaillierte Einführung in die Gerson Therapie. Es ist gerade am Anfang natürlich eine Erleichterung, wenn man sich einen Eindruck von den ganzen Vorgängen machen kann, ohne gleich jeden Saft und jedes Essen selbst herstellen zu müssen.

„Eines der größten Genies in der Geschichte der Medizin
Dr. Albert Schweitzer

Dr. Max Gerson

Eine Biographie

Howard Straus • Barbara Marinacci

Dr. Max Gerson

Diesem beeindruckenden Menschen gebührt mein tiefer Dank! Ich fühle mich mit seiner Lehre sehr verbunden und bin außerordentlich glücklich darüber, dass die Geschichte von Dr. Max Gerson und damit sein großes medizinisches Wissen meinen Weg kreuzte.

Max Gerson wurde am 18. Oktober 1881 in Deutschland geboren. Er studierte an verschiedenen sehr renommierten deutschen Universitäten Medizin. Er litt während seiner Studienzeit schon unter nahezu unerträglichen Migräneanfällen und suchte im Kreise seines medizinischen Umfeldes nach Hilfe. Die Ärzte und Professoren wussten jedoch keinen Rat.

Eines Tages stieß er auf den Bericht über eine Migräne-Patientin, die durch die Umstellung ihrer Ernährung Linderung erfahren hatte. Damit war der Grundstein für erste Überlegungen im Zusammenhang von Krankheit und Ernährung gelegt. Durch sehr viel persönliches Herumprobieren fand Dr. Gerson heraus, dass eine salzlose und vegetarische Diät ihn von seiner Migräne befreite.

Dr. Gerson begann nun seine "Migräne-Diät" seinen eigenen Migräne-Patienten zu empfehlen. Diejenigen, die sich daran hielten, hatten ebenfalls Erfolg. Nach einiger Zeit kam ein Patient zurück, um zu berichten, dass bei ihm die Hauterkrankung Lupus vulgaris (= Hauttuberkulose) ausgeheilt war. Diese Krankheit galt damals als unheilbar und selbst Dr. Gerson war sehr skeptisch als er dies hörte. Der Patient konnte das Geschehen durch Labortests belegen. Gerson fing an zu erforschen wie zwei scheinbar nicht zusammenhängende Erkrankungen durch die gleichen Maßnahmen heilen konnten. Er begann verschiedene Tuberkulose Patienten mit seiner Diät zu behandeln und erzielte bemerkenswert gute Ergebnisse.

Der berühmte Lungen-Spezialist Professor Dr. Ferdinand Sauerbruch hörte von diesen Erfolgen und ließ Gerson nach München kommen. Er sollte 450 unheilbare Tuberkulosefälle mit seiner außergewöhnlichen Methode behandeln. Es wurden 446 der 450 Fälle geheilt.

Einige Jahre später ergab es sich, dass auch Patienten mit Krebs diese Behandlung ausprobieren wollten. Auch hier stellten sich Erfolge ein.

In den 1930er Jahren verließ Dr. Gerson zusammen mit seiner Familie Deutschland und lebte, arbeitete und forschte von dem Zeitpunkt an in den USA. Er betrieb eine kleine Klinik, in der Patienten mit seinen Methoden und mit sehr guten Erfolgen behandelt wurden. Viele der beeindruckenden Heilungsverläufe sind in seinem Buch "Eine Krebstherapie - 50 Fälle" beschrieben.

Nach dem Tod von Dr. Max Gerson im Jahre 1959 führte seine Tochter Charlotte Gerson sein Lebenswerk mit unermüdlichem Einsatz fort. Es gibt bis heute 2 Kliniken weltweit - das HIT Health Institut Tijuana in Mexiko sowie das Gerson Health Center in Ungarn. Es werden bis heute laufend Gerson Therapeuten ausgebildet, die die Patienten via Zoom Meetings während der Therapie unterstützen. (4)

"Dr. Max Gerson ist eines der größten Genies in der Geschichte der Medizin."

Dies schrieb Dr. Albert Schweizer nachdem Dr. Gerson ihn selbst, seine Ehefrau sowie seine Tochter heilte.

Warum wirkt diese Therapie?

Um diese Frage beantworten zu können muss man sich die Frage stellen, warum werden wir überhaupt erst krank?

Man kann sicherlich als Tatsache feststellen, dass die bisherige Lebensweise uns zu dem momentanen Ergebnis bzw. zu der Diagnose geführt hat. Als logische Konsequenz ist es meiner Meinung nach sinnvoll, nicht genauso wie bisher weiterzumachen.

Nach dem Motto: Gleicher Input erzeugt gleichen Output. Möchte ich andere Ergebnisse sehen, muss ich den Input - also in diesem Fall meinen Lebensstil - verändern.

Charlotte Gerson schreibt in ihrem Buch "Die Gerson-Therapie": "Das Ziel der Therapie besteht darin, sich mit der Ursache der Erkrankung - und nicht mit ihren Symptomen - zu befassen. Der Fokus liegt auf den beiden Hauptwidersachern von Gesundheit: Toxizität und Nährstoffmangel. Beide resultieren aus der heute vorherrschenden denaturierten künstlichen Lebensweise." (2)

Ein jeder von uns ist mit einer hohen Zahl von Giften konfrontiert. Diese finden wir zum Beispiel in der Luft - über den Straßen- und Luftverkehr - und im Wasser. Wir alle sind permanent elektromagnetischen Feldern über unser technisches Umfeld ausgesetzt; auch über die Lebensmittel, die häufig mit Chemikalien behandelt werden.

Der Mangel an hochwertigen Nährstoffen entsteht durch den mineralienärmeren Anbau in der konventionellen Landwirtschaft; beginnend bei der Bodenbearbeitung sowie in den vielen industriell hochverabeiteten Lebensmitteln, die wir in unseren Supermärkten finden. Da möge man nur einmal die Liste der Inhaltsstoffe auf den Produkten lesen, um zu verstehen, was mit diesem Punkt gemeint ist.

Die Gerson Therapie setzt an genau diesen beiden Punkten an. Sie baut durch den gegenteiligen Effekt - nämlich einer Überversorgung mit Nährstoffen und einer Überentgiftung - das körpereigene Abwehrsystem - unser Immunsystem - wieder auf.

Da im Falle einer schweren Erkrankung das Kind sozusagen schon in den Brunnen gefallen ist, reicht es nicht mehr aus mit moderaten Maßnahmen einzugreifen. Im Falle von chronischen Erkrankungen wie zum Beispiel bei einer Krebsdiagnose ist eine radikale und kompromisslose Umsetzung der Maßnahmen erforderlich um gute Erfolge zu erzielen.

Die wirklich extrem positive Botschaft ist aber an dieser Stelle, dass der Körper in der Regel in der Lage ist das Immunsystem wieder in den gut funktionierenden Ursprungszustand zu versetzen.

Ich persönlich habe zum Zeitpunkt meiner Diagnose fest an den Erfolg dieser Therapie geglaubt, und habe mir vorgestellt, so eine Art "Reset" mit meinem Körper durchzuführen.

Die 4 Säulen dieser Therapie

Bei den 4 Säulen der Gerson Therapie handelt es sich um

Essen, Säfte, Leber-Entgiftung und Nahrungsergänzungsmittel (diese 4. Säule wird hier nicht näher erläutert).

Auf dem Bild auf der linken Seite habe ich eine Blumenkohlpizza "Gerson Style" abgebildet.

Das Rezept als Beispiel:

1/2 Blumenkohl (ca. 250 Gramm), ca. 100 Gramm Apfelmus (ohne Zucker), 150 Gramm Haferflocken zu Mehl gemahlen, den Saft von 1 Zitrone in der Küchenmaschine zu einer breiigen Masse mixen, zum Beispiel im Thermomix 30 Sek. auf Stufe 10.

Diese Masse auf einem Backblech zu einem Pizzaboden ausstreichen, (unter dem Boden vorher Haferflocken als Antihaftmaßnahme ausstreuen) und ca 45 bis 50 Minuten bei 180 Grad Umluft backen. Dann mit passierten Tomaten (ohne Salz und ohne Öl) bestreichen und mit diversem Gemüse nach Lust, Laune und Geschmack belegen. Dann erneut 20 bis 30 Minuten im Ofen backen. Gewürze wie zum Beispiel Majoran, Thymian und Rosmarin können in geringen Mengen verwendet werden.

Als Grundprinzip der Ernährung während der Gerson Therapie kann man sagen "Back to the Roots", je natürlicher, desto besser; bezogen auf die Nahrungsmittel, die die Natur uns schenkt. Es geht hier um pflanzliche und unverarbeitete Lebensmittel - möglichst frei von Giftstoffen - und daher ist es unerlässlich ausschließlich auf den Anbau aus biologischer Landwirtschaft zurückzugreifen. Auf diesem Wege bekommt der Körper eine große Menge der so wichtigen Vitamine, Mineralien, Enzyme und Spurenelemente. Die Kost ist salz- und fettfrei - bis auf eine geringe Menge Leinöl täglich.

Der klassische Tagesablauf der Ernährung:

Das Frühstück:

Müsli aus Haferflocken, die in destilliertem oder gefiltertem Wasser gekocht oder auch nur überbrüht werden. Man kann ein Kompott aus gekochtem Obst oder Apfelmus dazugeben. Dieses Müsli kann durch getrocknetes Obst in Bioqualität und evtl. mit etwas Honig verfeinert werden.

Als Zwischenmahlzeit kann ein Obstsalat oder einfach Obst gegessen werden.

Das Mittagessen:

Ein großer Salat, eine spezielle Suppe, die Hippokrates-Suppe, Kartoffeln (diese können unterschiedlich zubereitet werden) und Gemüse nach Wunsch frisch gekocht.

Das Abendessen:

Ähnlich wie am Mittag: Salat, Kartoffeln und Gemüse. Bio-Roggenbrot aus Sauerteig ohne Salz. (2)

true fruits
100 % frucht – no tricks
yellow
maracuja
mango
banane
apfel
orange
true fruits
100 % frucht – no tricks
yellow

Säfte

Um das Thema Überernährung mit wertvollen Nährstoffen effektiv umsetzen zu können ist es unerlässlich die Menge der Nährstoffe durch frisch gepresste Säfte zu ergänzen. Bei Krebspatienten wird stündlich ein 250 ml Glas frisch gepresster Saft empfohlen. Die Gabe der Säfte erfolgt - zumindest am Anfang - von morgens bis abends, sodass 12 Gläser Saft getrunken werden und wer mag, fügt diesem Programm am Morgen noch einen frisch gepressten Orangensaft hinzu. Wichtig ist, dass die Zutaten möglichst frisch sind und aus biologischem Anbau stammen.

Die große Menge der so aufgenommenen Vitamine, Mineralstoffe, Enzyme und Spurenelemente werden durch das Trinken der Säfte schnellstmöglich direkt in den Zellstoffwechsel aufgenommen.

Es werden drei Arten von Säften in der Gerson Therapie hergestellt, bzw. vier, wenn man den morgendlichen Orangensaft mitzählt.

Karottensaft pur,

Apfel-Karotten-Saft,

Grüner Saft

Der grüne Saft besteht aus Römersalat, roten Blatt- und Endiviensalat, Chicorée, etwas Rotkohl, junge Blätter der Roten Beete, Mangold, einem kleinen Stück grüner Paprika, Brunnenkresse sowie einem möglichst sauren Apfel. Sollten von diesen Zutaten nicht alle erhältlich sein, so nimmt man die Zutaten, die saisonal oder regional zur Verfügung stehen. (2)

Das Trinken der Säfte sollte immer möglichst frisch und sofort erfolgen. Besonders bei dem grünen Saft verflüchtigen sich die so sehr wichtigen Enzyme innerhalb relativ kurzer Zeit.

An dieser Stelle sei noch erwähnt, dass es von großer Wichtigkeit ist, einen hochwertigen Slow Juicer zu verwenden, der sehr leicht gereinigt werden kann. Dies ist extrem wichtig, da es auf eine hohe Effizienz während des Tages ankommt. Menschen, die diesen Therapieweg gehen, benutzen den Entsafter über mehrere

Jahre täglich ohne Pausen, sodass es ein Stück Lebensqualität bedeutet hier ein gutes Gerät in den Händen zu halten.

Ich habe mich gleich am Anfang meiner Therapie für den Angel Juicer entschieden und bin auch heute noch überaus zufrieden damit. Er lässt sich extrem leicht reinigen und hat den Dauereinsatz bei mir mit Bravour bestanden.

Die Leber Entgiftung

Dr. Gerson fand schnell heraus, dass ganz besonders bei Krebspatienten die Tätigkeit der Leber, die eine zentrale Rolle für die Entgiftung des Körpers spielt, stark beeinträchtigt ist. Für die Wiederherstellung eines gut arbeitenden Immunsystems ist eine gut funktionierende Lebertätigkeit elementar. Eines der effizientesten Mittel zur Unterstützung der Leber und damit der Entgiftungstätigkeit des Körpers ist der Kaffee-Einlauf.

Durch die verschiedenen Maßnahmen der Gerson Therapie wie zum Beispiel das Trinken der großen Menge frischer Säfte werden vermehrt angesammelte Toxine aus den Körpergeweben gelöst. Diese gelösten Gifte müssen schnellstmöglich den Körper verlassen. Man erreicht dieses Ziel, indem man den Körper durch den Einlauf unterstützt.

Die Geschichte des Einlaufs begann in Deutschland gegen Ende des Ersten Weltkrieges. Aufgrund von Medikamentenknappheit (wie z.B. Morphium) gaben Krankenschwestern frisch operierten Soldaten Kaffee-Einläufe mit dem Effekt einer enormen Schmerzreduktion. Dieser Effekt wurde daraufhin nach dem Krieg von zwei Medizinern der Universität Göttingen - Meyer und Hübner - an Ratten mit dem folgenden Ergebnis erforscht:

Bei der rektalen Verabreichung von Kaffee wird das gelöste Koffein über die Venen des Enddarms absorbiert und über das Pfortadersystem zur Leber transportiert. Dort regt es das Öffnen der Gallengänge an, sodass mehr Galle und Toxine aus der Leber in den Darm ausgeschieden werden.

Diese Untersuchung wurde im Verlauf der Jahre mehrfach von Wissenschaftlern weltweit bestätigt. (Zum Beispiel Dr. Peter Lechner, 1990 Chirurg der onkologischen Abteilung des Krankenhauses Graz.) (2)

Weitere Effekte sind:

Der Enzymkomplex Glutathion S-Transferase wird um 600 bis 700 % vermehrt produziert.

Freie Radikale werden ausgeschieden.

Mehr Zellenergie wird freigesetzt und Schmerzen reduziert.

Stimmungsaufhellende Wirkungen u.a.m.

Es ist sicherlich so, dass dieses Element im ersten Schritt für viele Menschen befremdlich wirkt. Aus meiner persönlichen Erfahrung kann ich aber definitiv sagen, dass es sehr lohnenswert ist, über diese erste Hürde zu gehen.

Ich konnte den direkten extrem positiven Effekt dieses Mittels zur Entgiftung auf sehr vielen Ebenen spüren. Ängste wurden reduziert und Schmerzen wurden genommen. Es gab mehrfach die Situation, dass ich unter heftigsten Kopfschmerzen litt und einen Zustand sofortiger Schmerzfreiheit erreichen konnte. Auch konnte ich häufig eine erhebliche Verbesserung meines Gemütszustandes beobachten. Von daher kann ich diese Erfahrung den Menschen nur wünschen!

Diät gegen Krebs

rscher berichtet / Eine neue Hoffnung für Kranke

wissenschaftl. Mitarbeiter Dr. E. Wildhagen

Stoffwechsel kann kein Krebs erichtes, den der Krebsforscher pe von Gelehrten und Ärzten in Hamburger Abendblatt bereits Dr. Gerson, der kürzlich aus nd zurückkam, mit der nach ihm lge gegen den Krebs errungen.

— den Ableger des Krebses — hatte. Der Operateur stellte 50 Knoten an der Oberfläche der Leber fest, den größten o groß wie eine Faust. Jetzt geht es hm gut. Er nahm an Gewicht zu und ühlt sich gesund.

Wieder ein anderer hat Krebs der peiseröhre. Sie war so eng geworden, aß er nur teelöffelweise Wasser schluken konnte. Jetzt nach elf Wochen kann r Gemüse und Brot essen.

Weitere Fälle, im ganzen 20 von 40, e Dr. Gerson vorgesehen hatte, wuren mit allen klinischen, röntgenologihen und mikroskopischen Unterlagen, e von amerikanischen Fachleuten und ospitälern geliefert wurden, geschilert. Fast 200 Kranke sind bisher mit berraschenden, weitgehend schnellen folgen behandelt worden.

Die Wachstumszellen

Dr. Gerson stützt sich auf eine Theoe, nach der das schnelle Wachstum des enschen auf eine negative elektrische adung der Wachstumszellen beruht. n halbes Jahr nach der Geburt ist das hnelle Wachstum abgeklungen. Dann nd die Zellen vorwiegend positiv geden, und das normale, langsame achstum setzt ein.

Beim Krebs beobachten wir ein ähnch schnelles Wachstum wie beim werenden Menschen, mit einer ebenfalls egativen elektrischen Ladung. Sie beuht auf bestimmten Elementen. Vor llem Jod und Natrium — Natrium bildet mit Chlor das Kochsalz — stehen an der Spitze. Jenen gleich wirken andere Elemente wie Kalium, Phosphor, Magnesium, Mangan, Kupfer, Gold und Eisen, um den Körper positiv elektrisch zu halten.

Die Therapie beginnt damit, das Natriumchlorid und Wasser aus den Krebsgeschwulsten hinauszuziehen und ebenfalls aus dem Körpergewebe. Dann kann der Körper mit den Krebszellen fertig werden.

Der Körper muß also im gesamten Stoffwechsel umgestimmt werden. Da geschieht durch eine radikale Umstellung der Ernährung. In den ersten sech Wochen gibt es kein tierisches Eiwei also weder Fleisch noch Eier, noch Milc noch Käse. Kochsalz ist verpönt. Fe wird völlig gemieden. Auch Pilze si

Dr. Gerson

Start in ein anderes Leben

Zurück aus Budapest und "All in", hinein in den Fulltime Job Gerson Therapie! Die Empfehlung aus Budapest sind 12 Säfte und für den Anfang 5 Einläufe, dazu die neue Art das eigene Essen zuzubereiten. Ich erinnere mich sehr gut an das Ende des ersten Tages. Ich hatte das Gefühl etwas Unfassbares geleistet zu haben. Die Umstellung insgesamt war natürlich sehr groß aber mindestens ebenso groß war meine Motivation mein Leben mit diesen Maßnahmen nicht nur wieder in die richtige Spur zu bringen, sondern im wahrsten Sinne des Wortes zu retten.

Mein Leben bestand aus den Einkäufen sehr großer Mengen frischer Lebensmittel und deren Verarbeitung. Am 18. Juni 2019 erfolgte dann mein erster Arztbesuch bei meinem HNO Chefarzt im Krankenhaus. Er führte wieder eine Endoskopie durch. Das Ergebnis war für uns alle sehr überraschend. Nur 5 Wochen nach dem Beginn der Gerson Therapie hatte sich die Oberfläche des Tumors von der Struktur her verändert. Er war nun - laut Aussage des Arztes - nicht mehr flammend und aggressiv, sondern eher ruhig strukturiert und er wirkte weniger entzündlich. Der Arzt sagte zu mir: "Ich weiß ja nicht, was sie da machen, aber ich kann Ihnen empfehlen, es weiterzumachen."

Ich konsultierte diesen Arzt alle drei Monate und ließ jedes Mal eine Endoskopie machen. Während dieser Zeit beschäftigte ich mich tatsächlich mit allen möglichen schulmedizinischen Behandlungsalternativen und besprach diese auch immer mit dem HNO Arzt, der mir allerdings stets die Operation empfahl.

Die Endoskopien zeigten geringe Veränderungen des Tumors. Bis dann bei der Untersuchung am 03. Dezember 2019 - also ca. 7 Monate nach der Diagnose - sich der größte Teil abgelöst hatte. Ich habe einen schriftlichen Untersuchungsbericht des Arztes, in dem steht: "... der kugelige Anteil des Tumors ist deutlich regrediert, um ca. 70 % nur noch als kleine Restformation nachweisbar."

Da ich bis zu diesem Zeitpunkt keine einzige schulmedizinische Maßnahme vorgenommen habe, kann ich eindeutig sagen, dass dieses Ergebnis auf meine Lebensumstellung zurückzuführen war.

Ich hatte diese Ablösung des Tumors um 70 % körperlich deutlich gefühlt. Ich fühlte, dass in meinem Hals ein Stück hing, und sich dadurch das Schlucken meiner vielen Gerson Supplements nicht vereinfachte. Ich konnte die Ablösung, die Verdauung und auch die Ausscheidung sehr deutlich bemerken. Ich litt während einiger Tage an Bauchkrämpfen und Schmerzen. Zudem rochen die Ausscheidungen nach Formaldehyd - also nach Lösungsmitteln.

Dies kann so erklärt werden: Bei einem Tumor handelt es sich um eine Giftdeponie im Körper. Diese richtet der Körper ein, wenn er die Ausscheidung der Gifte nicht mehr schaffen kann. Nun hat sich gezeigt, dass bei Gerson Patienten, die ausschließlich diesen Weg gehen, häufig die vom Körper ausgeschiedene Tumormasse nach deren Giftbelastungen riechen. Beim starken Raucher zum Beispiel nach Nikotin, etc. Da ich im Umfeld neuer Möbel aufgewachsen bin und auch später in dem Umfeld gearbeitet habe, passt diese Theorie sehr genau zu meinem Prozess.

LOVE.
LOVE.

Meditation

Ich hörte von Dr. Joe Dispenza im Jahre 2017 das erste Mal in einem Kongress über Gesundheit. Er erzählte seine eigene überaus interessante Geschichte, in der er berichtete, wie er sich selbst nach einer extremen Verletzung der Wirbelsäule in relativ kurzer Zeit mittels Meditation heilte.

Ich erinnerte mich unmittelbar nach meiner Diagnose im Mai 2019 an dieses Interview, und fing an, mich mit der Art Meditation, die er empfiehlt und anbietet zu beschäftigen. Ich hörte mir geführte Meditationen auf YouTube an, und ging den Weg des "learning by doing". Ich machte diese Meditationen jeden Tag - morgens und abends.

Ich möchte diese Gelegenheit nutzen, um einmal zu beschreiben, dass das Thema Angst ab dem Zeitpunkt der Diagnose sehr stark präsent war. Es fing damit an, dass ich direkt nach der Diagnose unter einem so starken Schock stand, dass ich nachts zitternd aus dem Bett aufstand. Es war denke ich, die Angst, die Kontrolle über mein Leben zu verlieren. Die Angst wurde dann mit der Zeit schwächer, aber sie trat immer wieder auf. Im Prinzip gibt es selbst heute noch Momente, in denen die Angst - nun allerdings sehr selten - aufflammt.

Es gab zwei Arten für mich dem entgegenzuwirken: zum einen die Meditation nach Dr. Joe Dispenza und zum anderen die Schnellhilfe des Kaffee-Einlaufs. Es gab Momente, in denen ich während meiner Entspannungszeit am Ende des Tages nicht mehr ruhig auf meinem Sanza Feld liegen bleiben konnte, weil ich von Angst und innerer Unruhe getrieben war. In diesen Momenten entschied ich mich, mich zurückzuziehen und in eine einstündige Meditation zu gehen. Der Effekt war unbeschreiblich groß; es war häufig der Weg von der Angst ins Glück. Auch wenn das Hoch manchmal weniger ausgeprägt war, so war es nahezu immer der Weg heraus aus der Angst.

Im Mai 2020 war Dr. Joe Dispenza für ein einwöchiges Seminar in Wien angekündigt und ich ergatterte zusammen mit meiner Freundin

Heike zwei der sehr schwer zu bekommenden Tickets. Leider fand dieses Seminar dann - aufgrund der Corona-Situation - niemals dort statt. Unsere Tickets behielten jedoch Gültigkeit für eine spätere Veranstaltung.

Als Ticketbesitzer wurden wir über alle kommenden Events und Aktivitäten informiert. So bewarb ich mich zweimal für eine Fernbehandlung via Meditation aus den USA. Im Herbst 2020 wurde ich angenommen und erhielt eine Fernheilung aus Florida am 07., 08. und 09. Januar 2021. Dies war ein sehr aufregendes und schönes Erlebnis für mich!

Im Juni 2022 fuhren Heike und ich dann tatsächlich zu der langersehnten Meditationswoche nach Cancun, Mexiko. In den geführten Meditationen von Dr. Joe Dispenza geht es häufig darum, sich das Leben so vorzustellen, wie man es sich ersehnt. Am Strand von Cancun angekommen, wurde mir bewusst, dass ich mich genau an dem Ort befand, den ich mir in meinen Meditationen oft vorgestellt hatte. Ich war angekommen!

Neuseeland

Der Neuseeland Urlaub unserer Familie war schon lange vor der Diagnose geplant. Unser ältester Sohn Julian hatte seinen Schulabschluss dort gemacht. Zum Abschluss seiner Schulzeit hatten wir eine Rundreise mit unseren drei Söhnen dort geplant. Mir war dieser besondere Familienurlaub so sehr wichtig, dass ich ihn trotz meiner gesundheitlichen Situation antreten wollte.

Und so machten wir uns Ende 2019 - kurz vor Weihnachten - auf den weiten Weg nach Neuseeland. Ich reiste mit Arztattest, um möglichst viele Säfte und mein Essen für die lange Reisezeit mit in das Flugzeug nehmen zu dürfen. Es klappte dann alles ganz gut, aber ein wirklich entspanntes Reisen stellt man sich anders vor.

Ich hatte einen möglichst leichten Reise-Entsafter und eine Kochplatte mit Kochtopf im

Reisegepäck. Wir hatten zwar in den meisten Unterkünften eine Kochgelegenheit, aber hin und wieder schliefen wir in einem Hotel, sodass ich diese beiden Utensilien unbedingt für meine Essensversorgung und den Kaffee benötigte. Ich schaffte es tatsächlich die Gerson Therapie während der gesamten Reise einzuhalten. Die Bedingungen waren natürlich dennoch sehr erschwert, da es - anders als von mir erwartet - in Neuseeland in sehr ländlichen Bereichen manchmal nicht möglich war, biologische Lebensmittel zu kaufen. Ich war deswegen gezwungen, an dieser Stelle Kompromisse zu machen.

Der Urlaub ging dann Mitte Januar 2020 zu Ende. Es war ein echter Traumurlaub und er wird uns allen sicherlich immer in guter Erinnerung bleiben.

Bei meiner nächsten Kontrolluntersuchung, die ich alle 3 Monate mittels Endoskop im Krankenhaus durchführen ließ, änderte sich erstmalig das Ergebnis dahingehend, dass der Arzt meinte, das Geschehen habe sich leicht vergrößert. Mir ging es extrem gut zu der Zeit, sodass ich mir eine Verschlechterung nur schwer vorstellen konnte.

Ich sprach mit verschiedenen Gerson Therapeuten darüber. Ich war nach wie vor in engmaschigem Kontakt mit der Gerson Klinik in Budapest, die mich weiterhin betreute. An dieser Stelle sei erwähnt, dass es üblich ist für Patienten, die die Gerson Therapie machen, sich von einem sogenannten Gerson Practioner via Zoom begleiten und beraten zu lassen. Die zeitlichen Abstände bestimmt man selbst. Meines Erachtens wären alle 8 bis 12 Wochen am Anfang sinnvoll.

Ich hatte ein langes Gespräch via Zoom mit Nicolette Richer aus Kanada und mit Dr. Henry McGrath aus England. Dies war dann für mich der Zeitpunkt meine Betreuung aus Budapest nach England zu Henry McGrath zu verlegen. Da meine Ärztin aus Budapest aber mit Dr. McGrath befreundet ist, war dies kein Problem und es gibt den Kontakt nach Budapest noch bis heute.

Die Ergebnisse der weiterhin folgenden HNO Untersuchungen veränderten sich nur wenig, es blieb aber die ständige Aufforderung meines Arztes im Raum stehen, nun endlich andere Wege einzuschlagen.

Handlung ist der grundlegende
Schlüssel zum Erfolg.

Pablo Picasso

Neue Wege....

Das Jahr 2020 war dann von meiner Öffnung für neue Wege geprägt.

Ich folgte der Empfehlung meines Gerson Therapeuten Henry McGrath einen RGCC Bluttest durchführen zu lassen. Dieser Bluttest gibt Auskunft darüber, wie viele zirkulierende Krebszellen sich im Blut befinden, zusätzlich gibt er eine sehr detaillierte Auskunft über die Art der Zellen. Es wird getestet, welche Wirkung spezielle Chemotherapeutika auf die eigenen Krebszellen haben, und es wird getestet, welche schädigende bzw. eindämmende Wirkung natürliche Substanzen auf die eigenen Krebszellen haben. Mit den Ergebnissen eines solchen Tests kann man gezielter bestimmte ergänzende Präparate zu sich nehmen.

Ich fing also an, andere natürliche Substanzen - ergänzend zur Gerson Therapie - zu mir zu nehmen. In der ersten Jahreshälfte bekam ich zusätzlich lokale Hyperthermie Behandlungen, da auch diese als Empfehlung aus dem

RGCC Test hervorgingen.

Der RGCC Bluttest kann zum Beispiel alle 6 Monate wiederholt werden. Der Erfolg der Therapie bzw. der genommenen Mittel bildet sich durch die sich verringernden zirkulierenden Krebszellen im Blut ab.

Ich beschäftigte mich nun intensiv mit ergänzenden Heilpflanzen wie zum Beispiel Artemesia Annua und nahm diese in natürlicher Form hoch dosiert zu mir.

Auf der anderen Ebene hielt ich Ausschau nach ergänzenden schulmedizinischen Maßnahmen.

Ich bemerkte allerdings sehr, wie schwer mir dieser Richtungswechsel fiel. Für mich war es enorm schwer, die Schwelle zur Schulmedizin zu überschreiten. Ich denke, dies hat tatsächlich mit den Bildern meiner Kindheit und der Begleitung meiner Mutter bei ihrer Krebserkrankung zu tun.

Eines Tages wurde mir die lokale Behandlung mit Chemotherapie bei Prof. Dr. Thomas Vogl an der Uniklinik in Frankfurt empfohlen.

Ich habe mich über diese Maßnahme informiert und mich danach entschlossen gegen Ende des Jahres diese Behandlungsform, die Chemoembolisation, in meinen Heilungsplan zu integrieren. Im November 2020 startete ich mit der ersten Behandlung und schloss diese im Februar 2021 mit einer Mikrowellenablation bei Prof. Vogl ab. Die Ergebnisse waren sehr gut, sodass eine 100 % Remission im Februar 2021 schriftlich bestätigt wurde.

Es folgten Kontrolluntersuchungen alle drei Monate. Prof. Dr. Vogl sagte sehr häufig, dass es sich bei mir um einen sehr außergewöhnlichen Fall handeln würde, da die übliche Vorgehensweise bei einem Tumor an dieser Körperstelle die Operation gewesen wäre.

Im Januar 2022 bildet sich Gewebe an der behandelten Stelle, welches Prof. Dr. Vogl erneut mit vier weiteren Behandlungen bis zum Mai 2022 behandelte. Es wurden dann weiterhin in regelmäßigen Abständen MRT Untersuchungen zur Kontrolle durchgeführt.

Wer nur nach außen schaut,
träumt.
Wer sich nach innen wendet,
erwacht.

C.G. Jung

Die Reise von Außen nach Innen

Es gab den Rückfall im Januar 2022, der mich erneut in eine Krise stürzte. Meine spontanen Gedanken beim Erhalt der Diagnose im Arztzimmer war: "Es geht keine Gefahr von dieser Arztaussage aus."

Ich erhielt die Diagnose am 20. Januar 2022. Am darauf folgenden Tag erkrankte ich schwer an Corona. Ich konnte natürlich keine Behandlung machen lassen, weil ich nun erst einmal von Corona genesen musste. Trotz des positiven ersten Gedankens beim Erhalt der Diagnose verursachte diese negative Mitteilung des Arztes bei mir einen heftigen emotionalen Absturz.

Ich hatte zuvor - im 2. Halbjahr 2021 - einen sehr schönen Onlinekurs von Dr. Wayne Dyer gehört "Ich bin das Licht". Dieser Kurs hat mich sehr tief bewegt. Es wurde ein Buch darin empfohlen, das ich mir daraufhin kaufte und las. Es heißt "Das unpersönliche Leben" von Joseph S.

Benner. Joseph Benner war ein Pastor und hat dieses kleine Büchlein, über Gott, schon 1917 geschrieben. Es wurde aber erst nach seinem Tod von seiner Frau veröffentlicht. (5)

Nun war es so, dass ich am 04. Februar 2022 an einem wirklichen Tiefpunkt meines Lebens dieses bereits gelesene kleine blaue Büchlein aufschlug, und eine Textstelle mich ansprang, in der es darum geht, dass nur Gott allein uns wirklich heilen kann. Es geht im Prinzip um die vollständige Hingabe zu Gott bzw. zu Jesus und auch um unser uneingeschränktes Vertrauen in diesen Prozess.

In der Nacht vom 04. auf den 05. Februar 2022 wurde ich nachts um ca. drei Uhr wach und dachte, wenn ich nun schon wach bin, dann kann ich auch meditieren. Ich begann dann eine Meditation von Dr. Joe Dispenza zu hören und integrierte mittendrin die Stellen aus dem besagten Buch gedanklich. Es folgte dann eine für mich zutiefst beeindruckende heftig schöne emotionale Erfahrung, die ich wie eine Art Gott Erfahrung bezeichnen möchte. Es ist letztendlich so, dass diese Erfahrung mich und mein Leben verändert hat. Ich würde sagen, dass ich vorher vielleicht hoffte, dass es so etwas wie die höheren Mächte gibt. Aber seit dem 04. Februar 2022 bin ich komplett sicher, dass es die himmlischen Sphären wirklich gibt. Diese Erfahrung hat für mich zu einem Verschwinden aller Ängste geführt sowie zu dem Gefühl des vollkommenen Geheiltseins. Ich befand mich in den Wochen nach diesem Ereignis wie auf einer Wolke. Ich war voller Energie und überglücklich.

Ich glaube tatsächlich, dass alle Ereignisse in unserem Leben sinnhaft sind. Es geschieht alles für unsere Entwicklung und somit kann man sagen, dass - egal wie schwer etwas erscheint - es für uns und zu unserem Besten passiert. Dies ist natürlich in schweren Situationen schwer zu erkennen.

Aus dieser Perspektive muss ich sagen, dass der vermeintliche "Rückfall" am 20. Januar 2022 mir ein enormes Wachstumspotential geboten hat, für das ich im Nachhinein sehr dankbar bin.

Die Wunde ist der Ort, an dem das Licht in dich eindringt.

Rumi

Der Himmel auf Erden ist kein Ort - er ist eine Entscheidung!

Dr. Wayne Dyer

Der Kreis schließt sich

Im Mai 2019 - direkt nach meinem kurzen Krankenhausaufenthalt zur Durchführung der Biopsie - bevor ich dann Ende Mai nach Budapest in die Gerson Klinik fuhr, bekamen wir von Familie Pichler - den Inhabern der Firma Santerra - den freundschaftlichen Rat, nach Salzburg zu kommen, um einen renommierten Therapeuten und Entwickler der Biofrequenzstromtherapie des Sanza Therapiesystems aufzusuchen. (siehe Kapitel 16 Empfehlungen)

Dieser Therapeut führt Messungen mit einem Meridianmessgerät namens Prognos durch. Mit diesem Gerät wird auf energetischer Basis das Körpergeschehen abgebildet. Ich wurde dann von ihm auf verschiedene Art und Weise mit therapeutischen Maßnahmen unterstützt.

Es wurde uns ein weiterer Arztbesuch im Kölner Raum empfohlen, den wir auch noch wahrnahmen. Dort wurde ein großes sehr differenziertes Blutbild gemacht. Wir waren auf dieser Tour mehrere Tage unterwegs. Am Morgen des letzten Tages, es war der 23. Mai 2019, wurde ich im Hotel wach und lag im Halbschlaf bzw. in der Aufwachphase im Bett als ich sehr deutlich eine Stimme hörte, die sagte: "Du bist geheilt durch das Licht und die Liebe Gottes".

Dieses Erlebnis habe ich sofort als etwas SEHR beeindruckendes wahrgenommen. Ich erinnere mich, wie ich in dem Badezimmer dort am Morgen stehe und das Erlebte kaum fassen und vor allem auch nur schwer einordnen kann. Es war auf jeden Fall deutlich, dass ich so eine Stimme vorher noch nie gehört habe, und auch dass es nicht von mir kam und auch nichts mit meiner Schlafphase zu tun hatte. Es war zwar in meinem Kopf, aber dennoch sprach jemand zu mir.

Dieser Satz ist von dem Tag an in meinem Kopf so lebendig und präsent geblieben, als hätte ich ihn gestern oder heute erst empfangen. Er wurde zu meinem ständigen Begleiter und meinem Heilungsmantra.

Da ich aus einem eher atheistischen Elternhaus stamme, war es sehr fremd für mich, diesen Satz einzuordnen. Ich habe auch nur mit sehr wenigen Menschen darüber gesprochen. Vor dem Hintergrund meines intensiven Erlebnisses während der nächtlichen Meditation am 04. auf den 05. Februar 2022 erscheint es mir so, als ob der Weg meiner Krankheit bzw. der Weg meiner Heilung tatsächlich für mich der Weg hin zur Erfahrung der göttlichen Präsenz ist.

An dieses Erlebte schließt sich dann noch ein Seminar bei Andrea Hammer Ende Februar 2024 an. Ich entdeckte Andrea auf dem YouTube Kanal von Bettina Flossmann. Andreas' These ist: "Wahre Heilung findet im Bewusstsein statt". In diesem Seminar wird konsequent mit der Ausrichtung und Anbindung an den göttlichen Raum oder an die Quelle - jeder nennt es so, wie es am ehesten zur persönlichen Einstellung passt - gearbeitet.

Mein Fazit an dieser Stelle: Die Krankheit war für mich der Weg von außen nach innen und zur Erschließung meines Wissens darüber, dass der Himmel real ist.

"Ich bin geheilt durch das Licht
und die Liebe Gottes"

Affirmation Ute Leiting

"All I need is Jesus and a Juicer"

Zitat von Chris Wark

Unterstützende Maßnahmen

Das Feld rund um die Gesundheit ist immens groß und es gibt endlose Möglichkeiten. Ich erzähle hier von einigen Dingen, die ich wichtig finde, und die ich für mich umgesetzt habe:

Coaching; Ich habe mich über eine große Zeitspanne meines Weges bis zum heutigen Tage coachen lassen. Als extrem herausragend kann ich daher meine mediale und energetische Begleitung Frau Sandra Rödder erwähnen. Die Gespräche mit ihr fühlen sich für mich an, als ob man direkt mit dem Himmel spricht. Sandra hat die Fähigkeit im Energiefeld ihres Klienten die Energien zu sehen und entsprechend weise und gute Beratungen für anstehende Veränderungen und Entscheidungen zu geben. Ich bin rückblickend extrem dankbar für die wertvollen und oft so sehr beruhigenden Gespräche mit ihr. Man findet ihr Angebot unter www.welsun.eu.

Ausreichend Schlaf; Ich habe mich bemüht relativ früh schlafen zu gehen und dies in den meisten Zeiten auch gut hinbekommen.

Bewegung; im Rahmen der Gerson Therapie ist nur sehr moderate Bewegung erlaubt. Der tägliche Spaziergang in der Natur ist schon eine sehr gute Wahl. Sehr ruhiges Wippen auf dem Trampolin oder auch entspanntes Yoga sind unterstützend.

Ursachenforschung; hierbei handelt es sich um einen so großen Bereich, über den man ein eigenes Buch schreiben könnte. Ich habe tatsächlich immer wieder neue Wege ausprobiert, um herauszufinden, was genau zu meiner Erkrankung geführt hat. Ich halte Psychokinesiologie für einen sehr interessanten und empfehlenswerten Bereich.

Vergebung ist ebenfalls ein sehr wichtiges und kraftvolles Instrument, da gibt es zum Beispiel die hawaiianische Technik Ho`oponopono.

An dieser Stelle möchte ich die Klopftechnik EFT (Emotional Freedom Technique oder auch Tapping) empfehlen. Dies ist aus meiner Sicht ein sehr wirkungsvolles Instrument.

Vermeidung von Giften zum Beispiel in Haushaltsreinigungsmitteln und Kosmetika.

Eine Entstörung der Strahlung unseres technischen Umfeldes, wie zum Beispiel der Telefone, ist aus meiner Sicht extrem wichtig. Ich habe dafür die Produkte der memon bionics Instruments aus Rosenheim verwendet. Bei Interesse kann gerne mehr dazu auf meiner Homepage www.ute-leiting.de gelesen werden.

Ich habe zu meiner eigenen Motivation sehr viele Beiträge auf YouTube von Menschen gehört, die sich selbst von Krebs geheilt haben. Dabei hatte Chris Wark einen sehr wichtigen Stellenwert für mich, man findet ihn unter www.chrisbeatcancer.com im Internet. Ich möchte gerne auf den YouTube Kanal von Bettina Flossmann aufmerksam machen, die dort viele Geheilte zu Wort kommen lässt. Auch Paula Black hat einen ähnlichen Weg wie die Gerson Therapie für ihre Gesundung gewählt, sie schrieb das Buch "Life, Cancer and God".

sanza
sanza
sanza
sanza pro
Das neue kombinative Konzept für Wohlbefinden
und Gesundheit der ganzen Familie

Empfehlungen: Sanza und Ernährungs-Coaching

Ich widme dem Sanza Therapiesystem nahezu ein ganzes Kapitel, weil ich mich dem Sanza sowie seinem Entwicklerteam Christian und Petra Pichler (in Kooperation mit verschiedenen Universitäten) sehr verbunden fühle. Dieses System hat mich bei meiner Heilung maßgeblich unterstützt.

Ich habe mich mehrmals täglich zur Entspannung und Regeneration auf die Sanza Matte gelegt und dort meditiert, gelesen oder mental an meiner Heilung gearbeitet. Das Sanza Feld kann den Zellstoffwechsel optimieren und mehr Spannung in die Zellhülle bringen. Wenn an der Zellmembran mehr Spannung anliegt, dann funktioniert in der Regel der Zellstoffwechsel besser. Die Stoffe, die für unseren Körper wichtig und gut sind, wie zum Beispiel Sauerstoff, können so leichter in die Zelle gelangen und Abfall- und Schlackenstoffe werden leichter ausgeschieden. Eine zweite Therapieform, die man zeitgleich zur Ganzkörpermatte benutzt, ist die Biofrequenzstromtherapie. (Weitere und detailliertere Informationen: www.ute-leiting.de)

Es gibt eine Klinik für ganzheitliche Krebstherapie in Bad Emstal, die Arcadia Klinik von Dr. med. Henning Saupe, die das Sanza Feld zur komplementären Behandlung der Krebspatienten einsetzt. (6)

Meine zweite Empfehlung ist das Ernährungs-Coaching Programm von Nicolette Richer auf der Basis der Ernährungsprizipien der Gerson Therapie. (7)

Man findet bei Nicolette Richer einen Kurs zur genauen Erklärung wie die Gerson Therapie funktioniert und zu Hause in die Praxis umgesetzt werden kann. Zusätzlich kann man sich dort zum Ernährungscoach ausbilden lassen. Ich habe diese sechsmonatige Ausbildung selbst absolviert und würde mir sehr wünschen, dass wir dieses Wissen im deutschsprachigen Raum mit einer größeren Anzahl von Menschen anbieten würden.

Eines meiner größten Erkenntnisse während des Ausbildungskurses - bei dem jeder Teilnehmer 12 Coachings mit Menschen aus seinem eigenen Umfeld durchführt - war das extrem weitreichende Einsatzfeld. Diese Therapieform ist ideal um fast alle chronischen Erkrankungen zu behandeln. Da die Gerson Therapie an der Wiederherstellung des Immunsystems ansetzt, gibt es natürlich ähnlich positive Ergebnisse bei sehr vielen chronischen Erkrankungen. Im Rahmen der von mir durchgeführten Coachings gab es sehr erstaunlich positive Entwicklungen bei Diabetes und chronisch entzündlichen Darmerkrankungen. Das Einsatzfeld kennt aber im Prinzip fast keine Grenzen.

Nähere Informationen zu den beschriebenen zwei Kursen findet man auf meiner Website www.ute-leiting.de unter der Rubrik Angebote.

BIOHOF OVERMEYER

Danke

Mein Dank gilt allen Biobauern weltweit, da es ohne die ökologische Landwirtschaft unmöglich wäre, den Gerson Therapieweg zu gehen.

Im Speziellen bedanke ich mich von ganzem Herzen bei dem Biohofladen Overmeyer in Emmelndorf bei Hittfeld. Die Inhaber Uli und Kerstin Overmeyer haben mich über ein komplettes Jahr hinweg kostenlos mit Möhren versorgt. Vielen Dank für diese großzügige Unterstützung! Es war mir stets ein besonderes Highlight während der Therapiezeit in dem wunderschönen Hofladen in Emmelndorf einkaufen zu gehen. Das Angebot dort ist eine Augenweide und der Einkauf ist mir stets eine große Freude!

Ein herzliches Dankeschön an meine Nachbarn auf dem Demeter Hof Wörme für das schöne Angebot biologischer Lebensmittel so direkt in der Nähe! Der Hof Wörme ermöglichte es mir, in Zeiten, in denen der Laden geschlossen war, meine Waren in ihrem Kühlhaus zu lagern.

Ich bedanke mich bei meinem gesamten Umfeld und meinem Freundeskreis für die großartige Unterstützung - ich bedanke mich ebenfalls bei meiner gesamten Familie und besonders bei meinem Bruder Rainer, der immer für mich da ist. DANKE!

Disclaimer:

Dieses Buch habe ich aufgrund meiner persönlichen Erfahrungen geschrieben.

Grundsätzlich soll bei keinem der in diesem Buch aufgezeigten Methoden und Wege der Eindruck erweckt werden, dass ein Heilversprechen meinerseits zugrunde liegt. Ebenso wenig kann aus den Ausführungen abgeleitet werden, dass eine Linderung des Krankheitszustandes garantiert oder versprochen wird. Die Diagnose von Erkrankungen erfordert die Behandlung durch Ärzte/Ärztinnen oder Heilpraktiker. Die Informationen in diesem Buch sind ausschließlich informativ, sie sollen nicht als Ersatz für eine ärztliche Behandlung genutzt werden. Bitte wenden Sie sich bei individuellen Fragen an ihren Arzt bzw. an ihre Ärztin.

Literatur:

Dr. Gerson, Max. Eine Krebstherapie - 50 Fälle. 1958, New York, USAGerson, Charlotte; Bishop, Beata. Die Gerson-Therapie, Chronische Erkrankungen bio-logisch heilen. 2007, Carmel, California, USAGerson, Charlotte; Walker, Morton. Das Große Gerson Buch. 2001, New York, USAStrauss, Howard; Marinacci, Barbara. Dr. Max Gerson - Eine Biographie. 2002, Quarry Press, CanadaBenner, Joseph S. Das unpersönliche Leben. 2020 LeckDr. med. Saupe, Henning. Krebs verstehen und ganzheitlich behandeln. 2021, Kirchzarten bei FreiburgRicher, Nicolette; Eat real to heal. 2018, Coral Gables, Florida, USA

UTE LEITING

Mein Name ist Ute Leiting, geboren 1966. Ich wohne in der Nordheide, bin verheiratet und Mutter von drei erwachsenen Söhnen. Meinen beruflichen Weg von der Diplom-Kauffrau zum Gesundheitscoach kann ich als Weg vom Beruf zur Berufung bezeichnen. Ich arbeite in diesem Feld mit großer Freude und Erfüllung. Ich liebe es in unserem schönen Umfeld spazieren zu gehen und Kraft in der Natur zu schöpfen.